W0034701

Heilige – Boten der Menschlichkeit

Uwe Wolff

Heilige –
Boten der Menschlichkeit

FREIBURG · BASEL · WIEN

Meiner Mutter
gewidmet

www.herder.de

Einbandgestaltung: Christina Krutz Design, Biebesheim am Rhein
Einbandmotiv: François Gérard, Heilige Theresa/Infirmerie Marie-Therésè (1827)

Innenlayout und Satz: Arnold & Domnick, Leipzig
Herstellung: Graspo CZ a.s., Zlín

Printed in the Czech Republic

ISBN 978-3-451-31123-9

Inhalt

Abraham

Bote des Vertrauens

Heilige sind Boten der Menschlichkeit. Auf der ganzen Welt werden sie als Helfer und Fürsprecher angerufen. Heilige sind Vorbilder. Von Pakistan bis Portugal wird ihr Leben in Geschichten, Liedern und Bildern an die Kinder weitergegeben. Große Heilige sind über die Grenzen ihres Ursprungs hinausgewachsen. Sie gehören der ganzen Menschheit wie jener Flüchtling, den der ungarische Maler József Molnár (1821–1899) auf die Reise schickt.

Turban und Schleier, Mütter mit Kindern, Kamele, Esel und Schafe: eine Sippe auf der Suche nach neuer Heimat. Ihr Erscheinen wird Ängste und Abwehrhaltung auslösen. Der bärtige Alte in orientalischer Tracht blickt empor. Von oben kam der Ruf, der ihn zum Aufbruch aufforderte. Heilige hören auf die Stimme der Wahrheit und der Menschlichkeit. In ihrem Bild erkennt die Menschheit ihre besten Möglichkeiten. Aus diesem Grund werden die Heiligen von den Völkern verehrt.

Ibrahim heißt der Mann in der muslimischen Welt. Juden und Christen nennen ihn Abraham. Neben ihm schreiten zwei seiner Söhne: Isaak und Ismael. Im Hintergrund ihre Mütter Sara und Hagar.

Dass es nur einen Gott für alle Menschen gibt, ist die Entdeckung Abrahams. Deshalb verehren ihn die Muslime als wichtigsten Propheten vor Mohammed und die Christen erkennen in ihm den Vater aller Gläubigen. In Mekka wird er mit seinem Sohn Ismael das Heiligtum der Kaaba in den Dienst Gottes stellen. „Freund Gottes“ oder „Chalil Allah“ nennt ihn daher der Koran (Sure 4,125).

Von den Heiligen geht ein Glanz aus, ein Licht der Orientierung auf der Lebensreise. Deshalb sagt Shaykh Nazim al-Haqqani (1922–2014):

Wenn wir über einen
Heiligen sprechen, kommt Segen.

Was wirklich trägt, erweist sich oftmals erst auf der Flucht. Diese Erfahrung machte Mohammed, als er aus seiner Heimatstadt Mekka vertrieben wurde. Flüchtlinge aus Ostpreußen und Schlesien mussten selbst die wenigen geretteten Tiere zurücklassen. Kein Geld, keinen Schmuck, vielleicht ein kleines Fotoalbum oder nur das Bild der Großeltern und als unverlierbaren Besitz die alten Lieder und Gebete im Herzen, flohen sie einer ungewissen Zukunft entgegen. Sie wurden Fremde im eigenen Land.
Die Heimat der Heiligen ist nicht von dieser Welt. Deshalb weisen ihre Geschichten wie Abrahams Blick über den Horizont der sichtbaren Welt hinaus in die himmlische Heimat. Zeitlos ist auch die Körpersprache, die József Molnár ins Bild setzt: der Blick auf Kinder und Enkelkinder, Gesten der Zuwendung und Zärtlichkeit. Jemand, der einen an die Hand nimmt und in die bessere Zukunft weist.
Der Orientalist Friedrich Rückert (1788–1866) gilt als der bedeutendste deutschsprachige Übersetzer des Koran. Dass Gott einer ist im Himmel und auf Erden und dass er selbst das Licht und der Glanz in seinen Heiligen ist, hat Rückert dem Heiligen Buch der Muslime nachempfunden:

Gott nahm den Abraham zum Freunde.
Und Gottes ist, was ist im Himmel und auf Erden.
Und Gott ist alles Ding umfassend.
(Sure 4,125-126)

Abraham wagte den Aufbruch ins Unbekannte. Deshalb wird er als Urbild des Vertrauens in Mekka, Jerusalem, Rom und Wittenberg verehrt. In ihm ist die Ökumene des glaubenden Herzens bereits vollendet.

Antonius aus Ägypten

Bote der Besonnenheit

Als er alles erreicht hatte, verließ er seine Heimatstadt und ihre Menschen und zog in eine ruhige Gegend. Doch auch hier fand er keinen Seelenfrieden. So wurde er zum radikalen Aussteiger. Seinen Besitz hatte er verschenkt. Denn er glaubte, dass Armut ein wahrer Reichtum sein kann. Im Alter von vierzig Jahren begann er, diese Freiheit zu suchen. Nun lebte er in der Abgeschiedenheit, aber er sollte nicht lange allein bleiben.

Denn wohin wir auch ziehen, wir nehmen uns selbst immer mit: unsere Ängste und Sorgen, unsere Besessenheiten und Sehnsüchte – ein Panoptikum des Absurden und Grotesken. Unholde, fliegende Fische und Fledermäuse, Monster und Musiker bedrängen den Aussteiger, der vergeblich die Ruhe des Herzens sucht.

Antonius (251–356) war Ägypter. Seine Erfahrungen wurden aufgezeichnet und haben die großen Maler und Dichter aller Jahrhunderte inspiriert. Gustave Flaubert hielt sein Drama „Die Versuchungen des Heiligen Antonius" (1849–1874) für seine wichtigste Veröffentlichung, bedeutsamer als seinen Roman über die von Leidenschaft besessene „Madame Bovary". Matthias Grünewald malte den Heiligen als Schutzpatron der Kranken und Sterbenden für das Krankenhaus von Isenheim. Doch niemand hat so häufig den Heiligen der seelischen Ausnahmezustände ins Bild gesetzt wie der Flame David Teniers (1610–1690). Über einhundert Versionen sind aus seiner Werkstatt hervorgegangen.

David Teniers zeigt den Heiligen Antonius in seinem antiken Retraite-Zentrum, einer Höhle im Fels. Aus dem offenen Hintergrund bedrängt ihn jene Welt, die er vergeblich versuchte, hinter sich zu lassen. Denn Stundenglas und Totenschädel, Kruzifix und Bibel können seine Aufmerksamkeit auf Dauer nicht fesseln. Es gibt kein Leben ohne Versuchung: Das ist die Wahrheit dieses Heiligen. Sie gilt für alle Menschen. Denn niemand kann sich selbst entfliehen.

Wie lange dauert der Weg zu sich selbst? Wann sind wir endlich bei uns angekommen? Antonius wurde 105 Jahre alt. Viele Jahre brauchte er, um seine angestrengte Suche nach sich selbst abzulegen. Inzwischen war er berühmt geworden. Junge und Alte suchten seinen Rat. Und manchmal war ein allzu eifrig Suchender enttäuscht, den Heiligen bei einer heiteren Plauderei und einem fröhlichen Mahl anzutreffen. Ein Jüngling ermahnte den Weißbart zu stärkerer Konzentration auf das Wesentliche. Da überreichte ihm der Alte einen Bogen und bat, ihn mit den Händen zu spannen. Irgendwann verließen den Grünschnabel die Kräfte. „Siehst du", sagte der Heilige, „es ist zuweilen gut, die Spannung der geistlichen Anstrengung zu lockern!"

Manchmal endet der Drang zur Selbstverwirklichung in Besinnungslosigkeit. Ohne diese Erfahrung wäre der Heilige Antonius nicht zu einem Lehrmeister der Besonnenheit geworden. Überspanne den Bogen nicht! So lautet auch die Botschaft des Malers. Die Truggestalten dieser Versuchung sind so lächerlich wie unsere Obsessionen und Anstrengungen, mit uns selbst endgültig ins Reine zu kommen. Auf dem Umhang des Heiligen ist das mystische Tau („T") zu erkennen. Es ist das Symbol der Geretteten. Im Antoniterorden wurde es das Zeichen jener Schweine, die in den Eichenwäldern frei umherschweiften und den Kranken Nahrung gaben. Der Heilige Franz von Assisi übernahm es ebenso wie die Gemeinschaft von Taizé.

Der Versuchte ist der Erwählte. Denn durch die Anfechtungen gelangt er zu jener Besonnenheit, die Antonius auch im Umgang mit den letzten Geheimnissen empfiehlt. Geheimnisse wollen nicht enthüllt, sondern angebetet werden. Antonius sprach ein Wort wahrer Gelassenheit, als er sagte:

Das ist kein vollkommenes Gebet,
solange der Mensch sich selbst,
oder was er betet, versteht.

Antonius von Padua
Bote der Beharrlichkeit

Das Geschlecht eines Lebewesens liegt in den Genen. Wer wird gegen diese Erkenntnis Widerspruch erheben? Gibt es auch eine religiöse Anlage, ein „Gottesgen“ in Mensch und Tier? Haben Hunde und Katzen geheimnisvolle Ohren des Herzens, mit denen sie die Stimme Gottes vernehmen können? Ein weiterer Heiliger mit Namen Antonius (1195–1231) war davon überzeugt, sonst hätte er nicht den Fischen gepredigt.

Antonius' herausragende Eigenschaft war die Beharrlichkeit. Er stammte aus Lissabon und wollte ursprünglich die Muslime im Süden Spaniens und in Marokko missionieren. Antonius war ein seraphischer Mensch wie sein Vorbild Franz von Assisi. Beide Mönche wussten: Das Feuer der Liebe erlischt schnell, wenn es nicht mit Beharrlichkeit gehütet wird.

Voller Hingabe strecken die Fische ihre Köpfe aus dem Meer und lauschen dem eindringlich gestikulierenden Antonius. Franz von Assisi zähmte einen Wolf. Um das Wunder der Erlösung geht es auch hier: Ein Haifisch ist an den felsigen Strand geschwommen. Auge in Auge mit dem Heiligen lässt er sich in den Bann schlagen. Die Flossen legt er übereinander, als wollte er beten.

Wie der Maler Arnold Böcklin (1827–1901) muss auch der Betrachter des Bildes einen Sinn für die Sprache der Symbole haben, um sich an dem hintergründigen Humor dieser Legende erfreuen und ihre Wahrheit erkennen zu können. Gustav Mahler kannte das Bild und die volkstümlichen Verse aus der berühmten Gedicht-Sammlung „Des Knaben Wunderhorn“, als er die Fischpredigt des Heiligen Antonius vertonte:

Fische große, Fische kleine,
Vornehme und gemeine
Erheben die Köpfe
Wie verständige Geschöpfe,
Auf Gottes Begehren
Antonium anhören.

Unter den Heiligen gibt es Narren in Christus, die ungewöhnliche Wege beschreiten. Antonius von Padua gehört zu diesen besonders in Russland verehrten Gottesnarren (Jurodiwy). Wunder über Wunder werden von diesem Grenzgänger erzählt. Tote soll er ins Leben zurückgerufen haben und selbst ein störrischer Esel beugte angeblich vor diesem Heiligen die Knie. Wie später bei Papst Johannes Paul II. ertönte nach dem Tod des Antonius' der beharrliche Ruf: „Santo subito!" Kein Jahr dauerte der kirchenrechtliche Prozess seiner Heiligsprechung (Kanonisierung) durch den Papst.

Die Heiligenverehrung hat ihren Ursprung in den Herzen der Menschen. Erst seit dem 10. Jahrhundert praktiziert die römisch-katholische Kirche ein einheitliches Verfahren der Heiligsprechung. Dieses Ordnungsverfahren ist ein Alleinstellungsmerkmal in der Ökumene des glaubenden Herzens.

Übertriebene oder kitschige Heiligenverehrung ruft nicht nur in Rom Widerstände hervor. Denn in der Welt der Heiligen geht es um wahrhaftige Urbilder des Menschen und keine frommen Lügen. In der Zeit des Kulturkampfes, als Papst Pius IX. das Dogma der Unfehlbarkeit verkündigte, griff Wilhelm Busch zum Pinsel und malte seine Bildergeschichte „Der Heilige Antonius von Padua" (1870). Päpstlicher als der Papst versuchte der Protestant gleich zwei Heilige auf einen Streich zu erledigen: Antonius aus Ägypten und Antonius von Padua. Der Pionier des Comics erreichte mit seiner Provokation einen Verkaufserfolg, aber er verkannte das Wesen der Beharrlichkeit, mit der Antonius vom Himmel aus sein Werk fortsetzte.

Barbara
Botin der Beständigkeit

Die Welt der Heiligen ist voller Widersprüche – wie unser Leben. Denn das Ende eines Lebens ist zugleich sein Anfang. Deshalb sind die Gedenktage der Heiligen ihre Todestage. Am Barbaratag, dem 4. Dezember, werden Zweige der Kirsche oder der Forsythien in die warme Stube gestellt, damit sie an Weihnachten aufblühen und das Wunder der Geburt im Symbol erfahrbar machen.

Izmit heißt die türkische Stadt am Marmarameer, östlich von Istanbul, in der die Heilige Barbara 306 von ihrem eigenen Vater ermordet wurde, weil sie für das Recht auf Glaubensfreiheit kämpfte. Als Barbara Christin wurde, sperrte ihr Vater sie in einen Turm. Doch die junge Frau beugte sich dem Tyrannen nicht. Zu den zwei vorhandenen Fenstern ließ sie ein drittes schlagen und setzte somit das Zeichen ihres Gottes. Dieser war auf wunderbare Weise drei und zugleich eins: Vater, Sohn und Heiliger Geist.

Barbaras Schicksal sprach sich schnell herum. Viele Menschen suchten das Gespräch mit ihr. Denn wie sich ein Mensch treu bleibt, wenn die Stunde der Anfechtung und Verfolgung gekommen ist, das geht alle an. Manche Menschen zerbrechen an den Belastungen des Lebens, andere wachsen an Seelenstärke. Zu ihnen gehörte Barbara. Ihr besonderes Merkmal ist die Beständigkeit. Von weit her aus Ägypten kamen Schüler des großen Lehrers Origenes zu ihr. Auch er war ein Verfolgter wegen seines Glaubens, denn er lehrte die Allversöhnung. Eines Tages, so war er überzeugt, werde Christus wiederkommen und die gefallenen Engel erlösen.

In der Kunstgeschichte sind die Heiligen an ihren Symbolen zu erkennen. Jan van Eyck (1390–1441) hat Barbaras Turm eine sehr eigenwillige Gestalt gegeben, indem er die Baustelle einer gotischen Kathedrale malte. Im Vordergrund sitzt die Heilige mit einem Buch als Zeichen ihrer Bildung und dem Palmzweig als Symbol ihres Sieges.

Im Turm der Barbara ereignete sich das Wunder der Beständigkeit. So wurde der Ort der Gefangenschaft zu einer Stätte der Anbetung. Jan van Eycks Darstellung versinnbildlicht dieses Geheimnis der Wandlung. In der Geschichte wiederholt es sich immer wieder. So erzählt Gertrud von le Fort in ihrer Novelle „Der Turm der Beständigkeit" (1957) von der Hugenottin Marie Durant, einer fernen Schwester der Barbara, die wegen ihres protestantischen Glaubens im Gefängnis sitzt, aber ihre Beständigkeit nicht verliert.

Wenn die Welt aus den Fugen gerät, sind Menschen mit Beständigkeit gefragt. Sie strahlen in der Konzentration auf das Wesentliche Stabilität, Ausdauer und Zuverlässigkeit aus. In der großen Familie der Heiligen hat Barbara viele Geschwister. Zu ihnen gehört der Heilige Benedikt von Nursia (480–547), der in einer Zeit der Völkerwanderung auf dem Monte Cassino bei Neapel ein Kloster gründete. Seine Mönchen und Nonnen lehrte er die stabilitas loci, das Leben in Beständigkeit an einem Ort. Die Alte Welt ging unter, doch überall in Europa entstanden Orte der Beständigkeit aus Benedikts Geist. Barbaras Turm wurde zum Urbild dieser Klöster, die bis auf den heutigen Tag alle Stürme der Geschichte überlebt haben.

Brandan

Bote der Gnade

Das alte Irland war die Insel der Heiligen. Aus dem grünen Land der Schafzüchter und frommen Zecher, der Torfstecher und melancholischen Sänger kamen jene Mönche, die in den Urwäldern Germaniens erste Kirchen errichteten. Diese spirituellen Grenzgänger bedienten sich ungewöhnlicher Methoden. Der Heilige Gallus gründete die Stadt St. Gallen, zähmte einen wilden Braunbären und lehrte ihn die Kunst des Kirchenbaus. Ein anderer Bär diente dem Heiligen Korbinian als Lasttier auf dem Weg über die Alpen nach Rom. Dieser Korbiniansbär schmückte später das Wappen Papst Benedikts XVI.

In Irland gibt es zwei heilige Berge. Sie gelten als Orte der Buße und werden deshalb von vielen Pilgern barfüßig bestiegen. Vom Gipfel des Croagh Patrick (County Mayo) und des Mount Brandan (Dingle-Halbinsel) ist bei gutem Wetter jenes Meer zu sehen, das der Heilige Brandan (484–577) befuhr. Lange vor dem Wikinger Leif Eriksson und noch länger vor Kolumbus soll er die Neue Welt entdeckt haben. Auch in der geistigen Welt betrat er Neuland. Auf dem Atlantik kam es zu einer Begegnung zwischen dem Heiligen und jenem Mann, der Jesus verraten hatte. Edward Reginald Frampton (1870–1923) hat die Legende ins Bild gesetzt:

Plötzlich kommt die Nacht. Das Meer tobt. Der Sturm bläht die Segel des Kirchenschiffs. Der Seefahrer hat sich mit einem Rosenkranz gegürtet. Entsetzt hebt er abwehrend die Linke, erschüttert schaut er auf einen treibenden Eisberg. Im Nirgendwo vor Grönland kniet ein rotbärtiger Gefangener mit einer Fußfessel und reibt sich trotz der Kälte die Brust mit Eis ein. Es ist Judas.

Dieser Jünger hatte Jesus verraten und sich anschließend aus Verzweiflung erhängt. Nun saß er für alle Ewigkeit in der Hölle.

Strafe muss sein, heißt es. Aber hatte Judas nicht seinen Herrn geliebt und allen irdischen Besitz hinter sich gelassen? Dass er Jesus für dreißig Silberlinge verraten haben sollte, schien wenig glaubwürdig. Und hieß es nicht, dass Christus zur Sühne der Sünden leiden und sterben müsste? Wozu dann ein Verrat? War Judas vielleicht ein Erfüllungsgehilfe der Gnade? Und war nicht der Satan in Judas gefahren und hatte Besitz von ihm genommen? Die Fahrt des Heiligen Brandan führt in jene Grenzbereiche der Logik und der Gerechtigkeit, wo allein das Licht der Mildtätigkeit allen Dunkelheiten des Lebens widersteht.

Heilige kennen keine Berührungsängste. Sie erproben neue Wege der Barmherzigkeit: Sie besuchen Gefangene, tränken Durstige, speisen Hungernde, kleiden Nackte, beherbergen Fremde, pflegen Kranke, bestatten Tote (Matthäus 25,34-46). „rahma-a" („der Barmherzige") lautet ein Name Gottes im jüdischen Talmud. Mit der Formel „Im Namen Gottes, des barmherzigen Erbarmers" beginnt fast jede Koransure. Brandans Barmherzigkeit öffnet die Pforten der Unterwelt; Judas wird ein Tag der Gnade geschenkt.

Therese von Lisieux (1873–1897) ist eine ferne Schwester dieses Heiligen. Sie bat Gott, er möge sie in die Hölle schicken, damit auch hier sein Name gepriesen und der Ort der Gottesferne verwandelt werde. Die Heilige aus der Normandie war überzeugt: Barmherzigkeit kennt keine Grenzen und ist wichtiger als Gerechtigkeit.

Cäcilia

Botin der Keuschheit

Ein herrlicher Moment: Musik erklingt. Wellen von Wohlklang, Schwingung, Gesang, Tanz. Leben kommt in Bewegung. Energie aus der Mitte verströmt sich. Da geschieht das Wunder – reine Hingabe an das Gute, Wahre und Schöne:

Doch o, wess' Stimme gleicht,
O welche Kunst erreicht
Der heil'gen Orgel Klang!
Ihren Klang, der Liebe singt,
Und sich zum Himmel schwingt,
zum Engel-Chorgesang.

Cäcilia (200–230) heißt die Organistin. Edward Reginald Frampton (1870–1923) hat sie in zarten Pastellfarben gemalt. Der englische Künstler erkannte in ihr das Bild himmlischer Harmonie. Menschen und Engel umgeben Cäcilia. In kreisförmiger Anordnung knien oder schweben sie um die Mitte. Hier gleiten die Finger der Heiligen über die Tasten. Bewegt von Cäcilias Orgelspiel erleben sie den Himmel auf Erden.

Edward Reginald Frampton hat sich von Georg Friedrich Händels (1685–1759) „Ode for St. Cecilia's Day" inspirieren lassen. Vielleicht kannte er auch das Schicksal des Musikers. Zweimal erlebte Händel den völligen Zusammenbruch seiner Kräfte. Als er den Abgrund durchschritten hatte, erfüllte ihn neue Schöpferkraft. Er komponierte einen Lobgesang auf die himmlische

Harmonie. Als Sphärenklang und Engelgesang erklingt sie ohne Unterbrechung. In John Drydens (1631–1700) Libretto zu Händels Cäcilienode, das „der heil'gen Orgel Klang" besingt, wird die Heilige Cäcilia noch über den thrakischen Sänger Orpheus gestellt, dessen Musik wilde Tiere zähmte, Bäume in Bewegung versetzte und den Lauf eines Baches anhielt:

Doch sieh! Cäcilia wirkte größ're Tat!
Als sie der Orgel Stimm' und Sang verlieh,
Da lauscht ein Engel und wähnt entzückt
Sich auf der Erd' im Himmel.

Cäcilia war eine geweihte Jungfrau (virgo consecrata). Als sie mit Valerianus zwangsverheiratet wurde, erkannte ihr Bräutigam den Adel ihrer Seele und teilte mit Cäcilia das Engelleben in Keuschheit. Der Engel am linken Rand des Bildes und die Lilie vor dem Ehebett am rechten Rand verweisen auf dieses Einverständnis.

Von solcher Treue weiß die Cäcilia aus dem Song von Simon und Garfunkel nichts. Sie kennt nicht die verwandelnde Kraft des Eros, die Menschen schweben lässt, als wäre die Schwerkraft aufgehoben. Dieses Wunder der Wandlung zeigt der Maler in der Gestalt des Bräutigams Valerianus. In Cäcilias Dienst stehend beginnt er zu schweben. Denn Keuschheit ist mehr als sexuelle Enthaltsamkeit. Sie ist die ritterliche Tugend edler Seelen, die sich über den Lärm der alltäglichen Nichtigkeiten erheben. Keuschheit ist eine bewusste Enthaltsamkeit gegenüber den Sirenengesängen des medialen Zeitalters.

Cäcilia wurde wegen ihrer geistigen Haltung verfolgt und ermordet. Doch was vom Himmel ist, kann nicht mehr von der Erde verschwinden. Denn die Welt der Heiligen ist voller Wunder. Ein solches großes Wunder ist der Widerstand gegen den Ungeist der Zeit, gegen Fanatismus, gegen Unterdrückung, gegen Zerstörung uralter Kulturgüter. Von diesem Wunder erzählt Heinrich von Kleists Novelle „Die heilige Cäcilie oder die Gewalt der Musik". Während der Reformation zertrümmerten Fundamentalisten die Bilder und Statuen der Heiligen. Sie hatten aus dem Ideal der Keuschheit den Terror einer reinen Lehre gemacht. Im Aachener Dom wird ihr böses Treiben durch den Eingriff der Heiligen Cäcilia vereitelt. Sie kommt vom Himmel und spielt die Orgel. Ihre verwandelnde Macht ergreift die Bilderschänder und sie lassen von ihrem bösen Treiben ab.

Elias

Bote der Offenheit

Propheten sind Heilige mit einer besonderen Offenheit für die kommende Welt. Mit offenen Augen schauen sie in die Zukunft, mit offenen Ohren hören sie das Gras wachsen und was die Spatzen von den Dächern pfeifen. Selbst Engel können sie sehen – wie auf dem Bild „Der Engel weckt Elias in der Wüste", das ein unbekannter Maler geschaffen hat. Engel und Propheten sind natürliche Verbündete, denn beide sind offen für den Willen Gottes.

Wie ein Seismograf spürt Elias das kommende Erdbeben, während sich andere Menschen noch in Sicherheit wiegen. Kein Wunder, dass ihm die Zeitgenossen das Leben schwer machen. Niemand wird freiwillig Prophet und setzt sich damit zwischen alle Stühle. Propheten werden berufen. Ihr Auftrag ist die Verkündigung von Gottes Widerwillen gegen den Zeitgeist.

Offenheit ist die Tugend des Erwählten. Er ist achtsam für eigene und fremde Gefühle. Er ist neugierig, interessiert, fantasievoll und engagiert. Aber diese Offenheit fordert ihren Preis. Denn beliebt machte sich Elias mit seiner Mission nicht. Er war ein Unheilsprophet, der Hunger und Dürre, Verfolgung und Tod verkündigte. Das Bild zeigt ihn im braun gefütterten blauen Prophetenmantel, dem Zeichen seiner besonderen Sendung. „Stark, eifrig, auch bös und zornig und düster", stellte sich Felix Mendelssohn-Bartholdy den tragischen Helden seines Oratoriums „Elias" (1846, Libretto von Julius Schubring) vor. Der feurige Elias war ein Wundertäter, ein Eiferer für den einen Gott, neben dem es keine weiteren Götter geben sollte. Deshalb zerstörte er die Altare, die sein Volk dem Baal und der Aschera errichtet hatte.

Wer gegen den Strom schwimmt, braucht viel Kraft. Irgendwann geht der Widerspruch gegen den Zeitgeist an die Substanz. Als Elias an diesem Punkt angekommen war, fühlte er sich nicht nur ausgebrannt. Er wurde schwermütig, ja, des Lebens überdrüssig. Aus einer langen Phase enormen Engagements fiel er in eine tiefe Depression und wünschte zu sterben. Mendelssohn-Bartholdy gibt diesem Lebensüberdruss in einer Arie Raum:

Es ist genug! So nimm nun, Herr, meine Seele! Ich bin nicht besser denn meine Väter. Ich begehre nicht mehr zu leben, denn meine Tage sind vergeblich gewesen. Ich habe geeifert um den Herrn, um den Gott Zebaoth, denn die Kinder Israels haben deinen Bund verlassen und deine Altäre haben sie zerbrochen und deine Propheten mit dem Schwert erwürgt. Und ich bin allein übrig geblieben; und sie stehn danach, dass sie mir mein Leben nehmen! Es ist genug! So nimm nun, Herr, meine Seele! Ich bin nicht besser denn meine Väter. Nimm nun, o Herr, meine Seele!

Engel erscheinen in Grenzsituationen. Sie schenken neue Offenheit und entfachen wieder das Feuer der Seele. Elias öffnet die Augen und spitzt die Ohren. „Steh auf und iss!“, sagt der Engel. „Du hast noch einen weiten Weg vor dir.“ (1. Könige 19,7)

Außer Gott weiß niemand, wann der Weg eines Menschen zu Ende ist. Das Leben ist offen bis zum letzten Atemzug. Noch im hohen Alter kann der Engel kommen. Gut, wer sich dann berühren lässt, auch wenn ihm die Kraft zum Aufstehen nicht mehr geschenkt wird. Der Geist des Elias lehrt Offenheit für die überraschenden Wendungen im Leben. Deshalb verehren ihn Juden, Christen und Muslime.

Elias stand wieder auf und ging seinen Weg. Dieser führte weit über den Horizont seiner Lebenszeit hinaus und wird erst am Ende der Welt sein Ziel erreicht haben. Menschen wie er brauchen einen sehr langen Atem. Denn was sie anstoßen, wird sich erst in ferner Zukunft vollenden. Dort wartet Elias auf seinen letzten Einsatz. Denn er starb nicht, sondern wurde in einem feurigen Wagen mit feurigen Rossen in den Himmel gefahren. Von dort, so lehrt das Judentum, wird er als Vorbote des Messias wiederkommen. Ein gefüllter Becher am Sabbat und am Sederabend, dem Beginn des Pessachfestes, erinnert an diese Offenheit der Geschichte.

Der Geist des feurigen Elias loderte auch in Johannes. Viele Zeitgenossen hielten ihn für den wiedergekehrten Elias. Auch Jesus war davon überzeugt: „Er ist der Elia, der da kommen soll." (Matthäus 11,14) Auch diese Botschaft stieß nicht bei allen Menschen auf offene Ohren. Der Wissende aber wird die Offenheit letzter Klärungen in Weisheit ertragen.

Eulalia
Botin der Tapferkeit

Der Name Eulalia verrät bereits die besondere Eigenschaft dieser Heiligen. Die „Redegewandte“ kämpfte mit jugendlicher Entschiedenheit und Tapferkeit für ihren christlichen Glauben.

Eulalia ist die beliebteste Heilige Spaniens. Nach ihr ist etwa der beliebte Ferienort Santa Eulalia auf Ibiza benannt. In Eulalia pulsiert das feurige Blut der Extremadura, weiblicher Stolz, ein scharfer Verstand und ein unbeugsamer Wille. Eulalia (292–304) lebte in Mérida, einer Rentnerrepublik wie Ibiza. Cäsar hatte sie als Kolonie für die Veteranen der Römischen Legionen gründen lassen. Das warme Klima tat den alten Knochen gut und eine perfekt geplante Infrastruktur sorgte für die Unterhaltung der Senioren.

Im Römischen Reich konnte jeder nach seiner Façon selig werden, solange er neben seinem Glauben das Kaiseropfer versah. Der jugendliche Geist Eulalias verbot ihr jedoch diesen Verstoß gegen das erste Gebot. Es gibt nur einen Gott: Nichts wäre geschehen, hätte sie ihren christlichen Glauben im Stillen praktiziert. Sie aber ging auf die Straße, protestierte voller Tapferkeit gegen Christenverfolgung und zerschlug die Bilder römischer Gottheiten.

John William Waterhouse (1849–1917) zeigt römische Soldaten im Innenhof eines Tempels. Hier sollte Eulalia in die Knie gezwungen werden. Der Henker versucht, ihr eine Brücke zurück ins Leben zu bauen. Doch Eulalia speit ihm ergrimmt ins Gesicht und zertrümmert das Götzenbild, vor dem sie opfern sollte. Dann greift sie den Kaiser in Rom an. In „Echte und ausgewählte Acten der ersten Märtirer“ sind dafür diese Worte überliefert:

Saget mir! Was treibt euch für Wut,
Dass ins Verderben ihr die Seelen stürzt?
Dass ihr, voll Bosheit, die Herzen zu flehen,
Vor den Gebilden aus Felsengestein,
Und zu verleugnen den Ewigen zwingt?
Fordert ihr Christen, erbärmliche Schar!
Fordert ihr Christusverehrer! – Ich bin's!
Ich, dem dämonischen Opferdienst Feind,
Trete mit Füßen der Götzen Bild,
Gott nur bekennend mit Herzen und Mund!
Maximianus ist ein Nichts!

Es gibt Momente im Leben, da verbietet sich jede Anpassung, auch der Kompromiss. Da kann sich die Seele nicht mehr fremdem Willen unterordnen und beugen. In dem ältesten literarischen Denkmal der französischen Sprache, einem Lobgesang auf Eulalia (Eulalia-Sequenz, um 880), wird auf diese Macht der inneren Welt verwiesen:

Eine gute Jungfrau war Eulalia,
schön war ihr Körper, noch schöner ihre Seele.

John William Waterhouse zeigt die ermordete Eulalia unter dem Kreuz und in der Haltung des Gekreuzigten. Soldaten sichern den Ort. Ein Mädchen kniet betend. Ein Knabe weist in den Himmel. Tauben umgeben die Heilige und eine weiße Taube erhebt sich über dem Leichnam. Es ist die schöne Seele der Heiligen. John William Waterhouse hat weder das Taubenwunder noch den Schnee erfunden. Im sonnigen Mérida schneit es niemals. Doch nach dem Tod bedeckte ein weißes Gewand aus Schneeflocken den Ort des Martyriums.

Wohl kaum einer der zahlreichen Touristen auf Ibiza kennt die Geschichte der Eulalia. Es gibt Zeiten des Vergessens, in denen der Verlust des kulturellen Gedächtnisses droht. Die großen Vorbilder und ihre Geschichten liegen dann wie unter einer Schneedecke verborgen.

Als der arabische Feldherr Musa ibn Nusair ab 712 Nordafrika und Spanien zu erobern begann, wurden Eulalias Reliquien in Sicherheit gebracht. Über Jahrhunderte herrschte nun der Islam in Mérida und vielen anderen spanischen Städten. Die Rückeroberung (Reconquista) der iberischen Halbinsel begann im Zeichen eines anderen Heiligen, dessen Grab in Santiago de Compostela zu den beliebtesten Wallfahrtsorten der Gegenwart zählt. Der Heilige Jakobus und Eulalia waren Seelenverwandte. Beide wussten: Es gibt Zeiten des Pilgerns und der inneren Sammlung. Dann aber kommen die Stunde der Entscheidung und die Tage der Tapferkeit.

Ritter Georg
Bote der Gerechtigkeit

Die Könige von England tragen seinen Namen, die orthodoxen Kirchen zählen ihn zu den größten Heiligen, in Deutschland wird er als einer der vierzehn Nothelfer verehrt: Der Ritter Georg erlitt im Jahr 304 den Märtyrertod. Zuvor hatte er einen grausamen Tyrannen in Drachengestalt besiegt, der einst auf dem Gebiet der heutigen Türkei ein ganzes Volk in Angst und Schrecken versetzte.
Heilige sind große Liebende, Kämpfer für Freiheit, Toleranz und Versöhnung. Wenn aber die Freiheit missbraucht wird, wenn Toleranz als Schwäche gedeutet und Versöhnung schamlos ausgenutzt wird, ist die Stunde des Ritters Georg gekommen. Mit dem Schwert der Gerechtigkeit zeigt er die Grenzen der Toleranz.
Viele der alten Heiligengeschichten bedienen sich der bildhaften Sprache der Legende. Von Georg wird erzählt, dass er in heidnischer Zeit eine schöne Prinzessin aus der Gewalt eines Unholdes befreite. Daraufhin bot ihm der König die Hand seiner Tochter und das halbe Königreich an. Christliche Legenden sind keine Märchen. Das stellt Georg klar. Er bekehrt König, Prinzessin und Volk zum Christentum, lässt eine Kirche bauen und zieht seiner Wege.
Noch heute lieben Engländer pompöse königliche Hochzeiten. So wurde die Enthaltsamkeit und Selbstlosigkeit des Heiligen von den Insulanern als unromantisch empfunden. Sie erzählten die Geschichte weiter, gaben der Prinzessin den Namen Sabra und ließen sie den Bund der Ehe mit ihrem Befreier schließen. Auf Dante Gabriel Rossettis (1828–1882) Bild läuten die Hochzeitsglocken. Der Kopf des Drachen steckt in einer Kiste neben dem Thron.

Sabra schneidet eine Strähne aus ihrem Haar und windet sie nach altem Ritterbrauch in eine Öse des Helmes.

Dante Gabriel Rossetti ließ sich von einer mittelalterlichen Handschrift inspirieren. Ein englischer Pfarrer hatte sie auf abenteuerliche Weise vor der Vernichtung bewahrt. Zu Gast bei einem Freund, sah dieser Pfarrer die zerfledderte Handschrift neben dem Kaminholz liegen. Ihre Blätter wurden zum Entfachen des Feuers genutzt.

Das Modell für die Prinzessin in Rossettis Bild war Jane Burden, in die sich der Maler, obwohl er bereits in einer festen Beziehung lebte, unsterblich verliebte. Doch Jane Burden heiratete später William Morris und dieser kaufte Rossetti die Hochzeitsszene ab. Daraufhin malte Rossetti eine neue Version mit seiner Partnerin Elizabeth Siddal als Modell. Auch schloss er nun mit ihr den Bund der Ehe. Doch bald darauf starb Elizabeth Siddal an einer Überdosis Opium. Eine Geschichte wie aus dem britischen Königshaus. Der englische Ritter Georg markiert eine grundlegende Wandlung jenes Adels der Gerechtigkeit, der einst den Heiligen Georg schmückte. Die Zeiten haben sich grundlegend gewandelt. Trauer und Abschied liegen in den Gesichtern. Wo bleibt die Gerechtigkeit, wenn alle Maßstäbe verloren gehen?

Hafis von Schiras
Bote der Eintracht

Hafis von Schiras (1320–1389) ist der berühmteste Dichter Persiens. Eine Gestalt von Goethes Größe. Kein Wunder, dass seine orientalischen Gedichte von Wein und Liebe den alten Goethe inspirierten. In seinem „West-östlichem Divan“ (1819) preist er den mystischen Sänger und die himmlische Gabe der Dichtkunst:

Will in Bädern und in Schenken,
Heil'ger Hafis, dein gedenken,
Wenn den Schleier Liebchen lüftet,
Schüttelnd Ambralocken düftet.
Ja, des Dichters Liebeflüstern
Mache selbst die Huris lüstern.

Die muslimische Volksfrömmigkeit kennt zahlreiche Heilige. Sie werden in allen Situationen des Lebens als Begleiter angerufen. Unter ihrem Beistand ist vieles möglich, was eine rein wörtliche Auslegung des Korans niemals dulden würde. Auch im Islam sind Heilige Boten der Menschlichkeit.

Heiligengräber sind beliebte Pilgerorte. An den Heiligengräbern werden Almosen verteilt und Süßigkeiten. Das Geld für die Armen lindert die irdische Not, das Zuckerwerk ist ein Symbol himmlischer Speise. Besonders bekannt ist das Grab von Ali, dem Mohammed seine Lieblingstochter Fatima zur Frau gab. An seinem Schrein in der den Schiiten heiligen Stadt Nadschaf (Irak) wurde Hafis von Schiras zum mystischen Sänger berufen. In einer Vision erschien Ali und überreichte ihm himmlisches Brot. Eine höhere Legitimation kann es kaum geben.

Hafis ist kein Eigenname, sondern eine Ehrenbezeigung für einen Menschen, der den gesamten Koran auswendig rezitieren kann. Hafis von Schiras konnte dies bereits mit acht Jahren. Wie Goethe liebte er die Sprache der Symbole, eine bildhafte Rede voller Anspielungen und Doppeldeutigkeiten. Er sah die Spuren des unsichtbaren Gottes in allem Sichtbaren. Eine Perle, ein Schmetterling, das Feuer – alles wies in Eintracht über sich hinaus. Wenn Hafis von der Liebe sprach, dann waren himmlische und irdische Liebe untrennbar ineinander verwoben. Ob er von irdischer oder himmlischer Trunkenheit sang, wenn er den Wein pries, blieb bewusst in der Schwebe.

Fundamentalisten ist diese dichterische Freude an der Vieldeutigkeit ein Stein des Anstoßes. In dem Gemälde „Hafis vor der Schenke“ (1852) von Anselm Feuerbach (1829–1880) sehen sie nur einen alten lüsternen Zecher, eine orientalistische Fantasie des 19. Jahrhunderts und eine Reduktion des Weiblichen auf ein Objekt männlicher Begierde. Sie haben keinen Sinn für das Geheimnis. Den Koran lesen sie wie ein Gesetzbuch und nehmen jede Sure wörtlich. Der mystische Dichter aber liest zwischen den Zeilen.

In der Linken hält Hafis den Weinpokal, mit dem Pinsel in der Rechten schreibt er weinselige Verse an die Mauer. Vielleicht diese aus seinem Werk „Offenbares Geheimnis“:

Ich, ja ich, bin es, der sein Gotteshaus
im Winkel der Schenke findet,
im Gebet des alten Wirtes
seine Andacht findet!
Schenke und Moschee dienen nur
meinem Verlangen, mit dir vereint zu sein,
dies ist mein einziger Gedanke
und Gott bezeugt es mir!

Entflammt und inspiriert von der irdischen Schönheit junger Körper schwingt sich der Dichter zu höherer Eintracht auf. Hier werden Gott und die Seele in immerwährender Trunkenheit einträchtigen Sinnes. Hafis preist den Wein der Ewigkeit. Sein Grab in den Musalla-Gärten der Rosenstadt Schiras ist eine beliebte Pilgerstätte für die Liebenden. Schah Reza Pahlavir ließ hier einen Pavillon zu Ehren des Dichterheiligen errichten. Ein Zitat aus Hafis' Liebesgedichten begrüßt Liebende mit und ohne Trauschein:

Wenn du zu meinem Grabe deine Schritte lenkst,
bring Wein und Laute mit,
damit ich zu der Spielmannsweise tanzend mich erhebe!

Hieronymus
Bote der Barmherzigkeit

Barmherzigkeit entspringt der Unmittelbarkeit des Herzens. Sie gilt den Menschen und den Tieren. Barmherzigkeit zu schenken ist manchmal leichter, als Barmherzigkeit zu empfangen. Das gilt besonders für Löwennaturen.

Das Bild von Colantonio del Fiore (1420–1460) entführt in die stille Stube eines Gelehrten. Bücher, Schreibgerät und Stundenglas füllen die Regale. Ein großes Durcheinander. Männerwirtschaft. Sieht es so in den Wohnungen der Kardinäle aus? Vor dem Heiligen Hieronymus (347–420) sitzt ein Löwe und blickt den Betrachter grimmig an. Offensichtlich ist es ihm peinlich, auf Hilfe angewiesen zu sein. Er hat sich einen Dorn in die linke Tatze getreten. Der Heilige versorgt die Wunde.

Hieronymus war Kroate und hitzigen Gemüts. Der hochgebildete und sprachbegabte Jüngling machte in der Kirche schnell Karriere und zählt heute neben Ambrosius von Mailand, Gregor dem Großen und Augustin von Hippo zu den vier lateinischen Lehrern der Alten Kirche. Der große Redner und kluge Mann war in sämtliche theologischen Streitigkeiten seiner Zeit verwickelt. Er konnte wie ein Löwe zupacken, aber er schätzte auch sehr die Einsamkeit der Studierstube. Der religiöse Schriftsteller erfreute sich der Zuwendungen vermögender Witwen und Jungfrauen. Ihr Geld ermöglichte ihm die Gründung einer Klostergemeinschaft im Heiligen Land. Aus dieser finanziellen Unabhängigkeit entstand die Übersetzung der Bibel in die lateinische Sprache, eine Volksbibel und daher Vulgata (lateinisch: „im Volk bereitet") genannt.

Löwen sind Einzelgänger. Die römische Kirche zeichnete den Heiligen zwar durch die Erhebung in den Kardinalsstand aus, doch Löwen machen sich nichts aus purpurfarbenen Hüten. Hieronymus hat den Kardinalshut abgelegt.

Heilige heilen. Deshalb ist nicht nur die Begegnung mit ihnen heilsam, sondern bereits das Erzählen von ihren Wundern und Taten. Ein Hadith aus der islamischen Überlieferung sagt:

Bei der Erinnerung an die Heiligen
kommt Barmherzigkeit hernieder.

Im Rückblick lässt sich unbeschwert von den Wundern der Heiligen erzählen. Doch wer sie einst erlebte, den durchfuhr Entsetzen. Der verwundete Löwe war in das Kloster des Heiligen eingedrungen und alle Mönche und Nonnen flohen durch die Flure und schlossen sich in ihren Zellen ein. Denn vom Teufel hieß es, er gehe herum wie ein brüllender Löwe und suche, wen er verschlingen könne. Heilige verteufeln nicht, sondern schauen, was die Stunde fordert. Dieser Löwe bedurfte der Hilfe. Das erkannte der heilige Heiler sofort und blieb ruhig.

Dass Heilung mehr ist als ein Gesundwerden oder die Wiederherstellung eines alten Zustandes, hatte der Löwe gelernt. Heilung ist Heil. Von diesem Heil kündigen die Heiligen allen Menschen und Tieren. Ob Hund oder Katze, Kaninchen oder Meerschweinchen – mit jedem Tier im Haus oder der Wohnung kann sich das Wunder der Heilung wiederholen.

Hiob

Bote der Geduld

Heilige gibt es unter Malern, Dichtern und Musikern. Doch auch ganz einfache Mütter und Väter können im Stand der Heiligkeit stehen. Das Bild zeigt eine heilige Familie, vereint im Morgengebet. Am Horizont hinter der Stadt geht die Sonne mit den Worten des Vaterunsers auf und selbst der Baum stimmt in den Lobpreis des Schöpfers ein. Das Leben der Frommen aber ist kein Idyll. Gerade die Heiligen erleiden schwere Geduldsproben. Das gilt besonders für Hiob (Job, Ayyub), dessen Leidensgeschichte von Jerusalem bis Mekka erzählt wurde und Goethe zu seiner Tragödie „Faust" inspirierte. Ein Ausspruch des Propheten Mohammed lautet:

Wenn Allah jemanden liebt,
bringt Er ihn in Schwierigkeiten.

Der englische Maler und Mystiker William Blake (1757–1827) hat sich mit Hiob identifiziert. Fromm und bibelfest war er, begabt mit dem Zweiten Gesicht und erfahren in Visionen und im Umgang mit den Heiligen. Doch wurden seine Bilder von den Zeitgenossen abgelehnt. Schwierigkeiten türmten sich auf seinem Lebensweg. Aber niemals verlor er die Geduld. So blieb er seinem Auftrag treu.

Mit dieser ländlichen Szene eröffnet William Blake einen Zyklus von Bildern zum alttestamentlichen Buch Hiob. Im Vordergrund dösen nichts ahnend die Schafe, doch auf den Gesichtern der Großfamilie liegt bereits der Schatten des Schreckens, der sie alle heimsuchen wird, und die Engelsgeduld, in der sich Hiob übt. Das lateinische Wort für „Geduld" lautet „patientia". Damit wird angedeutet, was jeder Patient zu Hause oder im Krankenhaus braucht. Alle Antworten auf die Frage, warum Gott das Leid zulässt, sind unbefriedigend geblieben. Aber im Spiegel der Heiligen haben Menschen Heilung gefunden. Heil und Heimsuchung sind in jenem mystischen Kern der Gottesbeziehung zu finden, aus der die jüdische Philosophin Margarete Susmann im Jahr 1946 auf „Das Buch Hiob und das Schicksal des jüdischen Volkes" blickt:

Nie ist Liebe anderes als Heimsuchung.

Religiöse Wahrheiten sind paradox. Denn in der Unendlichkeit Gottes sind die Gegensätze von Lieben und Leiden aufgehoben. William Blake hat den Schmerz in den zarten Pastelltönen der Anbetung gemalt. Diese Einheit des Seins wollten seine Zeitgenossen nicht verstehen. Doch hätten sie Zugang zu diesem Geheimnis finden können. Leiden reinige die Seele, glaubte William Blake:

Reinigte man die Pforten der Wahrnehmung,
erschiene dem Menschen alles, wie es ist: unendlich!

Die Pforten der Wahrnehmung, „The doors of perception", gaben einer berühmten amerikanischen Band den Namen: „The Doors". William Blake

wurde erst viele Jahrzehnte nach seinem Tod von den Präraffaeliten entdeckt und gewürdigt. Zahlreiche seiner Verse wurden vertont. Seine Vision einer ewigen Harmonie hinter allen Leiden und Versuchungen wurde zur inoffiziellen englischen Nationalhymne. Sein Gedicht „And did those feet in ancient times walk upon England's mountains green?" („Sind wohl in alter Zeit diese Füße über Englands grüne Berge gewandelt?") erklang in der Vertonung von Hubert Parry nach der Eheschließung von Prinz William und Kate Middleton und wird in jeder Last Night of the Proms gesungen.
Stolz wäre William Blake über diese Wirkungsgeschichte seines Werkes wohl kaum gewesen, aber dankbar, dass er es hatte empfangen dürfen aus jenem Land, das er im Sterben sonnenklar vor Augen hatte. Sein letztes Wort hätte auch der Dulder Hiob sprechen können:

Ich gehe in ein Land,
das ich schon immer sehen wollte.

Jakob
Bote der Ehrfurcht

Die großen Künstler aller Zeiten haben Heiligenbilder gemalt. Viele dieser Gemälde hängen heute in den berühmten Museen der Welt. Im Alltag gewirkt und vielfach Trost gespendet haben oftmals jene Bilder, deren Maler keine Kunstgeschichte verzeichnet. Sie fanden den Weg zu den Herzen der Menschen. Religiöse Malerei ist Gebrauchskunst. Sie errichtet in der Seele eine Himmelsleiter. Sie wagt, von Engeln zu sprechen, von himmlischem Gesang, Tanz und Erlösung. Sie weiß, dass Träume Stufen zum Himmel bilden können.

„Jakobs Traum von der Himmelsleiter" (1855) will mit ehrfürchtigem Herzen betrachtet werden. In einer Lebenskrise erlebt der junge Jakob eine Vision: Auf einer Himmelsleiter steigen Engel hinauf und hinab. So verweisen sie auf das Geheimnis einer stufenweisen Annäherung an die göttliche Mitte. Himmelsträume erden den Menschen. Denn sie erheben die Seele und geben dem Menschen zugleich einen Ort in der Welt zurück. So lernen sie Ehrfurcht vor dem Heiligen. Menschen sollen nicht Gott spielen.

Der Maler hat sich die Freiheit genommen, den Engel Michael in die biblische Geschichte einzufügen. Josef von Hempel (1800–1871) verstand sich nicht als Künstler, sondern als religiöser Erzieher. Er wollte Menschen stärken, indem er sie Ehrfurcht vor dem Heiligen lehrte.

Josef von Hempel studierte Kunst in Wien, entwickelte aber rasch eine Abneigung gegen die akademische Malerei. In Rom lernte er Friedrich Overbeck und Julius Schnorr von Carolsfeld kennen. Diese Künstler gehörten zu den Nazarenern. Mit ihren Bildern wollten sie Wege zum katholischen Glauben eröffnen. Von Hempel konvertierte im Alter von 27 Jahren. Sein großes Vermögen setzte er für wohltätige Zwecke ein. So gründete er eine Zeichenschule in Klagenfurt und unterstützte ein Taubstummeninstitut. Seine Bilder verschenkte er an arme Klöster und Dorfkirchen.

Als nun Jakob von seinem Schlaf aufwachte, sprach er:
Fürwahr, der Herr ist an dieser Stätte
und ich wusste es nicht!
Und er fürchtete sich und sprach:
Wie heilig ist diese Stätte!
Hier ist nichts anderes als Gottes Haus
und hier ist die Pforte des Himmels.
(1. Mose 28,16-17)

Jakobs Traum endet mit einem Gelübde. Der Sohn der Rebekka erkennt, dass er an einem heiligen Ort geträumt hat. So setzte er ein Steinzeichen und gibt der heiligen Stätte den Namen „Haus Gottes" („Bethel"). Bethel heißt die diakonische Einrichtung der Bodelschwinghschen Stiftungen in Bielefeld. Aber auch über vielen Kirchentoren steht der biblische Spruch: „Hier ist nichts anderes als Gottes Haus und hier ist die Pforte des Himmels." Hempels Bild erinnert daran, dass Kirchen heilige Orte und Himmelpforten sind und dass eine ehrfürchtige Haltung den Menschen aufrichtet.

Jeanne d'Arc

Botin des Gehorsams

Eine Dame mit männlichen Gesichtszügen und muskulösem Hals kniet vor dem Altar und küsst ein Schwert. Ein Treueschwur und Akt des Gehorsams der Jeanne d'Arc (1412–1431). Sie ist die französische Nationalheilige. Erfolgreich führte die junge Frau den Thronerben und seine Truppen zum Sieg über England. Sie selbst zog im Kampf das Schwert. Kirche und Staat dankten es ihr schlecht. Die Neunzehnjährige hatte in Visionen Michael und die Drachenbezwingerin Margarethe gesehen. Diese Heiligen beauftragten die Jungfrau zum Befreiungsschlag. Jeanne d'Arc gehorchte. Nun aber galt sie als Hexe und Ketzerin und wurde in Rouen (Normandie) verbrannt. Ihre 24 Jahre später erfolgte Rehabilitierung steigert nur die Tragik dieses Lebenslaufes.

Wohl deshalb wurde keine Heilige von den Dichtern, Dramatikern, Komponisten und Filmemachern häufiger ins Bild gesetzt als sie. Als der englische Künstler Dante Gabriel Rossetti (1828–1882) den Schwertkuss der Jungfrau malte, war sie längst über alle nationalen Bezüge hinausgewachsen. Seit Jahrhunderten als Heilige verehrt, wurde sie jedoch erst 1920 in Rom heiliggesprochen.

Woher beziehen Heilige ihre Kraft zum Gehorsam? Über das Geheimnis dieser außergewöhnlichen Menschen und die Mitte, aus der sie leben, ist viel gerätselt worden. Weil sie zu außergewöhnlichen seelischen Leistungen fähig waren, unterstellten ihnen Psychologen zuweilen eine neurotische oder psychotische Persönlichkeitsstruktur. Der Jungfrau von Orléans wurde Magersucht (Anorexia nervosa) attestiert, weil sie im Vorfeld ihrer Visionen und

Auditionen streng gefastet hatte. Auch Dante Gabriel Rossettis Bild führt ins unergründliche Geheimnis. Die Heilige trägt ein festliches Gewand über der Rüstung. Perlen aus Korallen und Jade schmücken ihren Hals. Auf dem Altar neben der Lilie steht der verschlossene Kelch mit dem Leib des Herrn. Die roten und gelbgoldenen Farbtöne verweisen auf das Flammenopfer.

Wir sehen eine Braut Christi vor ihrer mystischen Hochzeit. Rossetti hat dieses Motiv immer wieder gemalt. Er war auch Dichter, doch scheiterte sein Versuch, das Leben der Heiligen in Verse zu bannen. Es war vor allen Dingen ihr grausamer Tod in den Flammen, der ihn sprachlos werden ließ. Warum dieses Ende? Und wo war Gott, dessen Stimme die Heilige glaubte, im Gehorsam folgen zu müssen? In Grenzsituationen wie diese führt die Geschichte der Heiligen immer wieder.

Die Begegnung mit dem Geheimnis des Glaubens ist das Ziel aller Heiligenbeschreibungen in Wort und Bild. Der jüdische Mystiker und Sänger Leonard Cohen (*1934) näherte sich dem Flammentod der Jeanne d'Arc mit angehaltenem Atem. In seinem Lied „Joan of Arc" (1971) beschwört er Bilder der mystischen Hochzeit. Dabei bedient er sich einer uralten Überlieferung, nach der Gott als Feuer und die Seele als Holz beschrieben werden. Nur wenn die Seele im Feuer Gottes verbrennt, wird sie eins mit seiner Liebe.

Und tief hinein in sein feuriges Herz
Nahm er den Staub der Johanna von Orleans.

Und dann verstand sie es ganz deutlich.
Denn, wenn er Feuer war, so musste sie Holz sein.

Die Seele wird in den Flammen der Liebe Gottes aufgehen. Diese Gewissheit ist nicht frei von jener Erschütterung, mit der Leonard Cohen sein Lied beendet:

Ich sah sie zucken, ich sah sie weinen,
Ich sah den Ruhm in ihren Augen.
Ich selber sehne mich nach Liebe und Licht.
Aber muss es so grausam kommen und, ach, so hell?

Katharina von Alexandrien

Botin der Klugheit

Manchmal ist der Horizont des Lebens verdunkelt. Schwarz wie die sternenlose Nacht. Doch niemals ist das Licht fern und die Stimme, die zum Aufstehen ermuntert.

In kostbare Brokatstoffe gekleidet, kniet eine junge Frau mit edler Ausstrahlung auf einem roten Kissen. Sie lehnt sich an ein zerbrochenes Rad, in das spitze Eisen eingearbeitet sind. In den Händen hält sie einen Degen, als wäre es ein Musikinstrument. Auf dem Kissen liegt ein Palmzweig. Er bildet eine Verbindung zwischen Degen und Rad: So entsteht die geometrische Figur eines Dreiecks.

Katharina war nicht nur gebildet in Geometrie, Arithmetik, Musik, Astronomie, Grammatik, Rhetorik und Dialektik, sondern eine gelehrte Theologin und herausragende Wissenschaftlerin. Vor allen Dingen aber besaß sie die Tugend der Klugheit. In ihr verbinden sich Wissen und Weisheit.

In den Zeitaltern vor der Gleichberechtigung sahen kluge Frauen in der religiösen Bindung einen geistigen Freiraum zur Entfaltung ihrer Talente. Wenn sich eine Frau wie Katharina als geweihte Jungfrau und Braut Christi verstand, dann grenzte sie sich von männlichem Herrschaftsanspruch ab. Die Reaktion blieb nicht aus. Katharina wurde zuerst auf einem Rad gefoltert, dann mit dem Degen enthauptet (um 302).

Die Königstochter Katharina lebte in der Weltmetropole Alexandria im Nildelta. Arabisch wird ihre Muttersprache gewesen sein. Die Herrschenden nahmen Anstoß an einer Frau, in der sich Wissen und Glauben in schöner

Harmonie vereinten. Die gelehrtesten Männer jener Zeit wurden zu einem Streitgespräch mit Katharina zitiert.

Es ging um die Frage der Menschwerdung Gottes (Inkarnation). Gott wurde Mensch, litt und starb am Kreuz. Dieser Glaube wird von Juden und Muslimen nicht geteilt. Dass er dennoch nicht wider alle Vernunft ist, zeigte Katharina im Streitgespräch mit den 50 Weisen. Sie traten ohne Ausnahme zum Christentum über. Daraufhin ließ der römische Kaiser Maxentius Katharina ermorden.

Katharinas Leib wurde von Engeln zum Berg Sinai gebracht. Am Ort ihres Begräbnisses entstand das berühmte Katharinenkloster. Später wurden Geschichten der Heiligen von einem Mönch aufgezeichnet. Das Buch trägt den Titel „Die goldene Legende" („Legenda aurea"). Geschrieben hat es Jacobus de Voragine (1226–1298). Jedem Tag im Kirchenjahr wies er eine Heiligengestalt zu. Katharinas Festtag wurde der 25. November.

Katharina ist die Schutzpatronin aller Lernenden. Deshalb tragen Universitäten und Schulen ihren Namen wie das Lübecker Katharineum, an dem der spätere Nobelpreisträger Thomas Mann scheiterte. Das Walter-Nigg-Haus in Fribourg zeigt eine Ikone der Heiligen.

Die Römische Kirche tat sich zuweilen schwer mit Katharina. Nach dem Zweiten Vatikanischen Konzil wurde ihr Name aus dem offiziellen Heiligenkalender gestrichen, um im Jahr 2002 wieder eingefügt zu werden. Diese Unsicherheit im Umgang mit den großen Menschen führt ins Geheimnis der Heiligen. Sie sprengen vertraute Strukturen und überwinden Gegensätze, weil sie die Widersprüche des Lebens aushalten.

Michelangelo Caravaggio (1571–1610) malte Katharina von Alexandrien in diesem Widerspruch. Sie ist ganz Ohr und schaut in die Richtung, aus der das Licht kommt. Ihr offenes Gesicht zeigt zugleich jene fragende Zurückhaltung, die ein Kennzeichen der Klugheit ist. Vor ihrem Tod, so erzählt es die Legende, vernahm Katharina die Stimme ihres Bräutigams. Als belesene Frau erkannte sie sogleich, dass er berühmte Worte aus dem schönsten aller Liebeslieder zitierte. Die einen lasen es als weltliche Dichtung, die anderen zugleich als Gottespoesie und Brautmystik. Da war die Rede von einem Bräutigam und einer Braut. Katharina hörte die Stimme ihres Freundes. Er sprach:

Steh auf,
meine Freundin,
meine Schöne, und komm her!
(Hoheslied 2,13)

Und sie erhob sich von den Knien und ging ins Licht, dem Bräutigam entgegen.

Lady of Shalott
Botin der Treue

Eine rothaarige Frau mit tränenfeuchtem Antlitz. Sie trägt ein weißes Kleid mit zarter Goldstickerei. Ihr Name am Bug des Kahns ist kaum zu erahnen. Er gibt Zeugnis vom letzten Weg einer treuen Seele:

The Lady of Shalott

Im Bug liegen Kruzifix und Rosenkranz. Davor drei Kerzen. Zwei hat der Wind bereits ausgelöscht. Eine letzte Kerze begleitet den Weg in die Nacht. Herbst des Lebens: Blätter der Weiden und Espen fallen zwischen verblühte Seerosen und gebrochenes Schilf. Der Kahn braucht keine Ruder, denn Christus ist der Fährmann auf diesem Fluss der Unterwelt.
Eine Künstlerin erlebt das Schicksal der Heiligen Barbara: Die Dame von Shalott wurde in einem Turm gefangen gehalten. Hier führte sie ein asketisches Leben. Der direkte Blick aus dem Fenster war ihr untersagt. Was draußen in der Welt geschah, durfte sie nur indirekt durch einen Spiegel sehen. Was sie schaute, verdichtete die Künstlerin in Bildern und knüpfte sie in einen Teppich.
Es kam der Tag, da sie der Schatten überdrüssig wurde. Sir Lancelot ritt vorbei und mit ihm alles, was die Künstlerin vielleicht vermisste: Heiterkeit, Geselligkeit, Gemeinschaft. Da trifft sie der Strahl der Liebe und entführt sie ins Leben. Als sie den Turm verlässt und ans Ufer tritt, zerbricht der Spiegel. Mit dem Teppich ihres Lebens schlägt sie das Boot aus.

Manchmal muss man ein Verbot übertreten oder ein Tabu brechen, um sich selbst treu zu bleiben. Niemand weiß dies besser als die Heiligen und Künstler. Aber die Treue gegenüber der eigenen Berufung hat ihren Preis und verlangt manchmal sogar das Opfer des eigenen Lebens. Diese Erfahrung verbindet die Dame aus dem Turm mit dem Gekreuzigten.

John William Waterhouse (1849–1917) greift mit seiner „The Lady of Shalott" (1888) ein sehr beliebtes Motiv aus der Ballade des englischen Dichters Alfred Lord Tennyson auf. Seine Dame aus Shalott hat ungezählte Künstler aus der Schule der Präraffaeliten, Musiker wie Loreena Mc Kennitt und Filmemacher („Anne of Green Gables") angeregt. Jeder wollte in Waterhouses Bild ein anderes Geheimnis entdecken: den leicht gewölbten Leib einer Schwangeren, die Physiognomie des weiblichen Orgasmus, eine Kritik des l'art pour l'art (Kunst um der Kunst willen), ein Plädoyer für ein Leben in der Abgeschiedenheit.

Wer sich selbst kommentiert, geht unter sein Niveau: Waterhouse war ein großer Geheimniskrämer. Die kirchlich geschlossene Ehe mit Esther Maria Kenworthy blieb kinderlos. Seine Frau überlebte ihn um 27 Jahre und vernichtete alle autobiografischen Dokumente. Deshalb bleiben alle Deutungen Mutmaßungen.

Waterhouse kannte zahlreiche Versionen des Bildmotivs. Doch kein Maler vor ihm verknüpfte das Schicksal der Dame aus dem Turm mit der Leidensgeschichte Jesu. Der Gekreuzigte ist einziger Zeuge ihres letzten Gesangs auf der Fahrt.

Ziel der Reise ist Camelot, das prunkvolle Schloss von König Artus und den fröhlichen Rittern der Tafelrunde. Manchmal wird die Seele von einer großen Sehnsucht erfasst. Dann erhebt sie sich und sucht das Leben, wo es nicht zu finden ist. Die Welt des Königs Artus kennt nicht die tragische Lebenserfahrung dieser Dame. Wie Parzival gehört sie zum Mysterium des Karfreitags, das auf der Gralsburg (Montsalvaesche) zelebriert wird.

Als der Nachen Camelot erreicht, ist die Dame von Shalott gestorben. Die Nachricht von der Ankunft der Toten verbreitet sich unter den Rittern. Sir Lancelot tritt ans Ufer, betrachtet die Tote und sagt:

Sie hat ein süßes Gesicht.

Schlimmer kann sich ein Frauenheld nicht selbst entlarven. John William Waterhouse malt eine Märtyrerin der Liebe. Ihre Liebe galt jedoch nicht Lancelot. Er war nur ein Medium, ohne es zu wissen. Die Liebe selbst bediente sich des Glanzes auf seiner Rüstung, um in ihrer Seele ein Feuer zu erwecken, das auch im Tod nicht mehr erlischt.

Als ihr Boot Camelot erreicht, hat sie bereits die dunkle Nacht der Passion durchschritten. Das Bild deutet diese Geheimnisse an, ohne sie vor unberufenen Augen durch Enthüllung zu entweihen. Aber mit dem Rosenkranz über dem Geliebten weist der Maler einen Weg der Annäherung.

Margarete
Botin der Furchtlosigkeit

Der schwarze Drache ist besiegt. Tot liegt er in einer Felsenschlucht. Dieser Unhold hat einen dunklen Schleier der Furcht über die Stadt gelegt und die Atmosphäre verpestet. Tizian (um 1490–1576) malt ihn als ein Mischwesen aus Krokodil und Schlange. Die junge Frau im grünen Kleid ist sichtlich erschöpft. Doch furchtlos hat sie diesen Teufel im Zeichen des Kreuzes überwunden.

Gottlob! Der Drache liegt entzwei.
Der unerschaffene Michael
Und seiner Engel
Heer hat ihn besiegt.

Michaels Kampf gegen den Teufel, wie ihn Johann Sebastian Bach in seiner 19. Kantate besingen lässt, hat sein Vorbild in den Dämonenaustreibungen Jesu. Diesem Muster folgt die Geschichte vieler Heiliger. Im Leben der Heiligen Margarete tritt der Versucher zuerst in Gestalt ihres Vaters auf. Er verhöhnt den christlichen Glauben. „Als Margarete mündig wurde, ließ sie sich taufen und daher hasste ihr Vater sie sehr.“ So berichtet es das berühmteste christliche Volksbuch aller Zeiten, „Die goldene Legende“ („Legenda aurea“) des Jacobus de Voragine.

Ein Statthalter begehrt Margarete zur Frau, macht sich aber über ihren Glauben lustig: „Es passt nicht zu dir, dass ein schönes und edles Mädchen einen

Gekreuzigten zum Gott hat." Um ihren Willen zu brechen, lässt er sie in ein Gefängnis werfen. Hier erscheint der Teufel in Gestalt eines Mannes und bietet ihr die Freiheit an. Goethe hat nicht nur den Namen der Heiligen für seine Margarete (Gretchen) übernommen, sondern lässt den ersten Teil seiner Tragödie „Faust" mit dieser Kerkerszene und dem Sieg der Heiligen über den Verführer Mephistopheles enden.

Mit Katharina, Barbara und Dorothea bildet Margarete die Gruppe der wichtigsten Jungfrauen (Virgines capitales). Die vier furchtlosen Frauen gehören zu den 14 Nothelfern. Heilige sind nicht nur Vorbilder der Furchtlosigkeit, sondern Mitspieler im großen Drama der Erlösung. Sie wirken vom Himmel aus. Im Gebet können sie angerufen werden. Auch der Islam kennt die Anrufung der Heiligen. Ihr Name wird gerne mit einer Lobpreisung (Eulogie) verbunden. Sie lautet: „Möge Allah sein (ihr) Geheimnis heiligen!"

Das Geheimnis der Heiligen ist ihre Liebe. Diese Gottesliebe will die Welt durchdringen und die Menschen heiligen. Wer einen Heiligen anruft, der sucht Heilung und Heiligung. Wollte man den schönen Brauch der Eulogie übernehmen, so wäre von der Drachenbezwingerin in folgender Weise zu sprechen: Margarete, möge Gott ihr Geheimnis heiligen, schenkt Hilfe in allen psychischen Grenzsituationen und bei dämonischen Anfechtungen. Aus verwandeltem Schmerz erwächst ihre Schönheit. Ihr Geheimnis und das aller Heiligen spiegelt sich wie in einer Perle und dafür steht auch ihr Name: Der Name Margarete bedeutet „Perle".

Margarete wurde um 305 wegen ihres Glaubens enthauptet. Wie Katharina, Barbara und Dorothea gehört sie in das Zeitalter der römischen Christenverfolgung. Das Schicksal der Virgines capitales führt ins Zentrum des Christentums. Hier steht das Kreuz. Es verheißt den Sieg der Liebe. Doch dieser ist nicht nur von dieser Welt. Margarete ist eine standhafte Frau, die den Drachen Furcht in sich besiegt hat. Nicht von allen Drachen hat sie die Welt befreit. Aber sie lehrt jene Furchtlosigkeit, die dem Triumph des Bösen wehrt.

Maria

Botin der Demut

Auch Heilige waren einmal Kinder. Eltern von hochbegabten Kindern haben es nicht leicht. Das gilt noch mehr für die Väter und Mütter der Heiligen. Das Kind spürt eine außergewöhnliche Begabung oder Berufung in sich. Sie sprengt gewohnte Maßstäbe und führt Lehrer und Erzieher an die Grenzen ihrer pädagogischen Kunst. Die Geschichte vieler Heiliger wie Barbara oder Katharina erzählt von schweren Vater-Tochter-Konflikten und vollständig missglückten Versuchen der Integration. Von enttäuschten Vätern ist die Rede, deren Liebe in brutalen Hass umschlägt. Doch auch Söhne schrecken vor nichts zurück, selbst nicht vor dem psychologischen Vatermord. Franz von Assisi wollte die ganze Welt umarmen. Den Kontakt zu seinem Vater aber brach er vollständig ab und verharrte ihm gegenüber bis an sein Lebensende in Unversöhnlichkeit.

Vor diesem Hintergrund leuchtet das Beispiel der Heiligen Familie von Zélie und Louis Martin, deren fünf Töchter in einen Orden eintraten. Wie ihr Kind Therese von Lisieux (1873–1897) wurden auch sie heiliggesprochen. Urbild der Martins ist die erste Heilige Familie. Das Bild von William Holman Hunt (1827–1910) zeigt sie in einer pädagogischen Grenzsituation. Ausgelöst wurde sie durch das geistliche Erwachen des pubertierenden Jünglings im blau-weiß gestreiften Gewand. Maria und Josef hatten wie jedes Jahr zu Pessach den Tempelberg in Jerusalem (Lukas 2,41-52) besucht. Damals wie heute ein heiliger und zugleich gefährlicher Ort. Hier kam der zwölfjährige Jesus in Kontakt zur religiösen Elite der Zeitenwende. Der englische Maler und Orientreisende Hunt hat sie in Kleidung und Ambiente ihrer

Zeit gemalt: Jüdische Gelehrte und Thorakundige sitzen nach Landessitte auf dem Teppich. Jesus fühlt sich zu diesen Gottesmännern hingezogen. Seine jugendliche Mutter nimmt ihn in den Arm, Josef hebt die Hände und blickt erleichtert auf seinen Adoptivsohn. Draußen vor dem Tempel sitzt der blinde Bettler Simeon, der die außergewöhnliche Berufung dieses Kindes erkannt hatte.

Seit Kindheitstagen war Maria der Ort vertraut. Denn hier hatte sie als Tempeljungfrau gelebt und gelernt. Aus kultischen Gründen musste sie mit der Menarche (erste Monatsblutung) den heiligen Ort verlassen. Damals stand sie in dem Alter, das nun ihr Sohn erreicht hat. Sie heiratete einen Witwer und lebte mit ihm und seinen Kindern in einer Josefsehe zusammen. So wird das Zusammenleben von Mann und Frau genannt, in dem sich die Partner bewusst sexuell enthalten.

Von extremen Belastungsproben blieb auch diese Familie nicht verschont. Als Maria auf geheimnisvolle Weise schwanger wurde, versuchte sich Josef seiner Verantwortung durch Flucht (Matthäus 1,19) zu entziehen. Es sind der Realismus der Konflikte, die Ratlosigkeit, die Sorgen und Ängste in Grenzerfahrungen, die das Bild dieser Heiligen Familie so reizvoll machen. Maria ringt mit dem pubertierenden Knaben um die rechte Entscheidung und den richtigen Weg ins weitere Leben. Jesu Augen wenden sich von der Mutter ab und zugleich hält seine Linke ihren Arm. Einen Schritt geht er auf sie zu, zugleich leistet er Widerstand.

Das Leben mit Kindern ist voller Widersprüche. Diese wollen in Liebe und Demut ausgehalten werden und mit jenem inneren Hören, das zu den hohen Charismen der Maria gehört. Wie jede verantwortliche Mutter stellt sie Regeln auf und weist Wege ins Leben. Sie hat auch Mut, unpopuläre Forderungen zu stellen, wenn diese ihr geboten scheinen. Aber sie vergisst darüber nie das Hören auf jene Stimme, die im Leben ihres Kindes erklingt. Jedes Kind hat seinen eigenen Auftrag und seine eigene Berufung. Diese will erkannt, gefördert und begleitet sein, gerade wenn sie den geistigen Horizont der Eltern sprengt. Demut heißt diese Haltung des Dienens. Sie sucht, was den anderen groß macht, und stellt sich in seinen Dienst.
Maria beugt ihr Gesicht. Vielleicht flüstert sie ihrem Kind etwas zu. Im Tempel war es zu einem Gespräch zwischen Mutter und Sohn gekommen. Jesus sprach vom Haus seines Vaters. Maria verstand diese Worte nicht. Aber sie behielt sie wie die Worte der Hirten in ihrem Herzen (Lukas 2,19.51). Dieses achtsame und nachdenkliche Bewegen von Worten im Herzen ist gewiss vorbildlich, aber kein Garant für erfolgreiche Erziehung. Denn wie jedes Kind, so gehen auch Heilige Wege, die weit über alles hinausführen, was Eltern zu integrieren oder inkludieren vermögen. Der Knabe, der sich im Frühlingserwachen seines Geistes zum Tempel hingezogen fühlte, wird sich später mit diesem Erbe überwerfen.

Monika von Tagaste
Botin der Sanftmut

Monika von Tagaste (332–387) überragt ihren berühmten Sohn nicht nur auf diesem Bild. Denn den Sanftmütigen gehört das Himmelreich. Die Nordafrikanerin war mit einem tyrannischen Mann verheiratet. Er betrog sie, brauste aus nichtigem Anlass auf und schlug sie ohne Grund. Ihre Schwiegermutter machte ihr das Leben schwer. Monika ertrug diese Ausgrenzungen und Demütigungen mit jener Sanftmut, die ihre Energie aus innerer Überlegenheit zieht. Der Blick von Mutter und Sohn richtet sich auf dieses Kraftzentrum.

Der Sohn hatte den Charakter des Vaters geerbt: heißblütig und blitzgescheit, streitlustig und beziehungsunfähig. Auch er verführte die Frauen und hatte uneheliche Kinder. Aber er ließ sich von seiner Mutter an die Hand nehmen. Nach dem Tod des Vaters machte er eine Karriere als Rhetorikprofessor in Italien. Gemeinsam mit Mutter, Bruder und einem unehelichen Sohn gründete er eine Wohngemeinschaft. Monika war Christin. Als ihr Sohn endlich die Konversion vollzog, sah sie ihre Aufgabe als erfüllt an. Sie hatte dem frühen Christentum einen seiner größten Geister zugeführt.

Monika und ihr Sohn Augustin (354–430) wollten nun nach Afrika zurückkehren. In dieser Aufbruchsstimmung richteten sich ihre Gedanken weit über das Mittelmeer hinaus. Mutter und Sohn führten ein mystisches Gespräch über das Ewige Leben. Dabei widerfuhr ihnen eine Entrückung. Von Stufe zu Stufe durchschritten sie den Weltraum, ließen Sonne, Mond und Sterne hinter sich, gelangten ins Paradies und darüber hinaus ins Unsagbare.

Augustin berichtet über diese Jenseitsreise in seinen „Bekenntnissen“. Das Buch zählt zur Weltliteratur und die von Ary Scheffer (1795–1858) gemalte Schau zeigt einen von Augustins Lebenshöhepunkten. Im Hintergrund berühren sich die unendlichen Horizonte von Himmel und Ozean. In dieses Meer der Seele wird Monika wenige Tage später eintauchen. Augustin hätte sie gerne in Afrika begraben. Da wird die Sanftmütige ungehalten:

Begrabt meinen Leib, wo es auch sei, und macht euch keine Gedanken darum. Nur um eines bitte ich euch, gedenkt meiner, wo immer ihr euch aufhalten mögt, am Altar des Herrn.

Erinnerung (memoria) und Gebetsgedächtnis gehören ins Zentrum der eucharistischen Feier. Im Kultmysterium sind die Lebenden und die Toten vereint. Dieses Geheimnis des Glaubens kann an jedem Ort der Welt gefeiert werden.

Mütter haben eine überragende Bedeutung für die religiöse Bildung und Erziehung ihrer Kinder. Augustin war ein dankbarer Sohn. Er hat wunderbar einfühlsame Betrachtungen geschrieben. Doch auch das Erbe des Vaters wirkte in ihm weiter. Augustin führte harte Auseinandersetzungen und erhob schlimme Verdammungsurteile. Er war der Heilige zwischen Sanftmut und Selbstherrlichkeit. Dieser Zwiespalt war sein Schreibanlass. Die sanftmütige Monika hingegen hat keine Literatur hinterlassen.

Nikolaus von Myra

Bote der Standhaftigkeit

Drei unschuldige Männer in Ketten begegnen ihrem Henker. Der kräftige Bursche mit entblößtem Oberkörper hält in seiner Rechten ein Schwert mit Blutrinne. Da geht ein Aufschrei durch die Menge. Das Entsetzen spiegelt sich in den Augen aller Beteiligten. Jetzt ist Standhaftigkeit gefordert. Ein alter Mann greift in das Geschehen ein. Es ist der Heilige Nikolaus. Er hat den Mut dazwischenzugehen. Er fasst das Schwert und wehrt mit der Linken den Henker ab. Eine unfassbare Rettung in letzter Sekunde. Der Blick des Henkers fixiert den Weißbärtigen. Dieser aber schaut in den Himmel. Von dort wächst ihm Kraft zu. Standhaftigkeit ist eine Gabe des Himmels.

In Russland werden standhafte Heilige verehrt, Männer wie Fürst Michail oder Aleksandr Nevskij. Das berühmte Monumentalgemälde „Die Saporoger Kosaken schreiben dem türkischen Sultan einen Brief" (1880–1891) von Ilja Repin (1844–1930) ist ein Lobgesang auf jene todesmutigen russischen Helden, die ihre Knie nicht vor den muslimischen Eroberern beugten.

Auch der Heilige Nikolaus kennt keine Furcht. Er ist der Schutzpatrons Russlands und trägt hier den Titel eines „Überheiligen" und „Zweiten Erlösers". Nach ihm benannten sich Zaren und die Gläubigen trauten ihm fast jedes Wunder zu. Ilja Repin greift auf eine Legende zurück, nach der Nikolaus drei unschuldig Verurteilte vor der Hinrichtung bewahrt. Der Maler gehört zu den herausragenden Künstlern seiner Zeit. Unter dem Einfluss von Leo Tolstoj wurde er Vegetarier und engagierte sich für die Abschaffung der Todesstrafe. Der Heilige Nikolaus lebte im 4. Jahrhundert in vorislamischer Zeit. Er war

Bischof von Myra. Die türkische Stadt heißt heute Demre. Im Jahr 1087 wurden seine Reliquien vor der Vernichtung durch muslimische Eroberer gerettet und ins italienische Bari gebracht. Nach altem Brauch ist sein Todestag der Tag seines Gedächtnisses (6. Dezember).

Der Blick in den Osten und Ilja Repins Gemälde zeigen einen mutigen und entschiedenen Heiligen, dessen wahre Gestalt im westlichen Brauchtum vollkommen entkernt worden ist. Nikolaus ist nicht der sanfte, onkelhafte Kinderfreund im roten Gewand mit einem Sack voller Geschenke. So hohl wie die Nikoläuse aus Schokolade ist vielerorts ein Christentum geworden, das seine Werte nicht mehr standhaft zu verteidigen wagt.

Nur wer sich selbst wichtig nimmt, kann auch anderen ein Segen sein. Nikolaus engagiert sich nicht nur aus Menschenliebe. Vor allen Dingen liebt er sich selbst, wie der russische Universalgelehrte Pawel Florenski beobachtet hat:

Nikolaus lebt in dem ständigen Bewusstsein, für jedermanns Wohlergehen und die allgemeine Ordnung selbst da verantwortlich zu sein, wo ihm diese Verantwortung von niemandem übertragen worden ist. Es ist klar, dass Nikolaus bei dieser seelischen Verfassung ein Mensch mit Eigenliebe sein muss.

Rumi

Bote des Tanzes

Dschelaladdin Rumi (1207–1273) wurde in Afghanistan geboren. Er ist der Vater der tanzenden Derwische. Seine in persischer Sprache verfasste Dichtung gilt neben dem Koran als wichtigste Inspirationsquelle für Menschen, die eine mystische Annäherung an Gottes Geheimnis suchen. Rumis Grab liegt im türkischen Konya, wo der spirituelle Tanz der Derwische zu einer Touristenattraktion verkommen ist.

Der Tanz war für Rumi ein Weg zur Vereinigung mit Gott. „Allah hu! Gott – Er!“, rufen seine Schüler im getanzten Gebet, dem Dhikr Allahs („Gedenken Gottes“):

Schall, o Trommel, hall, o Flöte! Allah hu!
Wall im Tanze, Morgenröte! Allah hu!
Lichtseel' im Planetenwirbel, Sonne, vom
Herrn im Mittelpunkt erhöhte! Allah hu!
Herzen! Welten! Eure Tänze stockten, wenn
Lieb' im Zentrum nicht geböte! Allah hu!
Unseres Liebesreigens Leiter reicht hinauf,
über Sonn' und Morgenröte. Allah hu!
Rausche, Meer, am Fels im Sturme Gottes Preis!
Nachtigall, um Rosen flöte, Allah hu!
Seele, willst ein Stern dich schwingen um dich selbst –
wirf von dir des Lebens Nöte, Allah hu!

Wer die Kraft des Reigens kennet, lebt in Gott,
denn er weiß, wie Liebe töte. Allah hu!

Diese Verse singen von der liebenden Gotteserkenntnis als Mitte allen Lebens. Übersetzt hat sie Friedrich Rückert (1788–1866), der große deutsche Orientalist. Seine Übertragung des Korans gilt noch immer als unübertroffen.
Die türkische Miniaturmalerei aus dem Topkapi-Palast-Museum (Istanbul) zeigt Reisende im Orient. Unter den Armen tragen sie Heilige Schriften. In ihnen mögen die Verse ihres Meisters Dschelaladdin Rumi aufgezeichnet sein. Das Bild hebt seine Bedeutung durch die Größe des Turbans und den Ritt auf einem Esel hervor. Andere tragen eine Sikke, die Filzmütze der tanzenden Derwische. So auch der barfüßige Wanderer, der Rumi mit offenen Armen begrüßt. Es ist Schams-i Täbris, zu dem Rumi in glühender spiritueller Liebe entbrannte.
Rumi hat seine Freundschaft mit Schams-i Täbris zum Gleichnis der Gottesliebe überhöht. Im Abglanz des Irdischen sah er die Herrlichkeit des Überirdischen. Schams-i Täbris heiratete ein Dienstmädchen und lebte mit Rumis Familie unter einem Dach. Die geistige Nähe erregte die Eifersucht von Rumis Sohn Alaeddin. Er lockte den Freund seines Vaters in einem Hinterhalt und ermordete ihn. Der Schmerz über den Verlust des Seelenfreundes öffnete in dem dichtenden Vater eine bisher unerreichte Tiefendimension:

Das Wunder ist, dass wir in einem Winkel hier hold vereint,
Zugleich getrennt sind viele tausend Meilen – wir: du und ich!

Rumi empfindet sich als Stimme des Einen, der sich in Allem offenbart. Niemals wäre er auf die Idee gekommen, seine Gedichte aufzuschreiben. Das taten später seine Jünger. Seine Verse gehörten nicht ihm. Denn nicht er dichtete, sondern Gott in ihm. Diese Gottespoesie beschreibt Rumi in unzähligen Bildern:

Nicht die Durstigen suchen Wasser.
Das Wasser sucht die Durstigen.

Der Ursprung aller Gottesliebe liegt bei Gott und nicht beim Menschen. Daher sucht der Heilige, was ihn schon gefunden hat. Nicht er liebt, sondern Gott liebt in ihm. Dieses Geheimnis verbindet Rumi mit den christlichen Mystikern. Gottes Liebe ist das unsichtbare Band zwischen Orient und Okzident und seinen großen Liebenden.

Sergius von Radonezh

Bote des Glaubens

Ein ausgebrochenes Fohlen sollte der Knabe suchen. Über dem rechten Arm hängt noch die Leine. Da steht plötzlich der geheimnisvolle Mann vor ihm.

Kind, was suchst du oder was begehrst du?

So fragt der Fremde. Heilige blicken ins Wesentliche und halten sich nicht mit Nichtigkeiten auf. Wesentlich ist allein die innere Welt. Der Junge spricht nicht von seinem Auftrag. Das Fohlen wird sich schon finden. Er gesteht seinen Hunger nach Bildung:

Am glühendsten dürstet meine Seele danach, das Lesen zu erlernen. Doch meine Seele ist traurig, weil ich, obgleich ich mir redliche Mühe gebe, nicht weiterkomme. Bete für mich zu Gott, heiliger Vater, dass er mir das Lesen beibringe.

Statt Nachhilfe- oder Förderunterricht gibt ihm der Heilige eine Prosphore. Das Abendmahlsbrot der Ostkirche besteht aus zwei Teilen. Sie symbolisieren die Einheit von göttlicher und menschlicher Natur Christi. Dieser Glaube war lebensgefährlich. Denn muslimische Reiterhorden aus den Tiefen Sibiriens und der Mongolei liefen Sturm gegen das Heilige Russland. Sie verwüsteten Städte und Klöster, kreuzigten Mönche und missbrauchten Nonnen. Glaube, Liebe und Hoffnung sind die größten Tugenden. Ohne sie kann kein Kind erwachsen werden. Vor allen Dingen aber braucht es den Glauben an sich selbst und das Zutrauen des Lehrers. Michail W. Nesterow (1862–1942) zeigt den Knaben, der nach dem Empfang der Prosphore aus der Hand eines russischen Wandermönches (Strannik) lesen und schreiben kann.

Sergius von Radonezh (1314–1392) lebte über Jahrzehnte zurückgezogen in der Einöde. Unter den Menschen, die seinen Rat oder geistlichen Beistand suchten, war auch Großfürst Dmitri Donskoi. Unterstützt durch das Gebet des Heiligen Sergius konnte er Russland vom Joch der mongolisch-tatarischen Eroberer befreien.

1342 gründete Sergius das Dreifaltigkeitskloster von Sergijew Possad. Hier wirkte sein berühmtester Schüler, der Malermönch Andrej Rubljow. In einer Zeit neuer Zerstörungswut schuf er mit dem Bild der Dreifaltigkeit die berühmteste russische Ikone. Das Kloster des Heiligen Sergius wurde zerstört und wieder aufgebaut. Es war Sitz einer geistlichen Schule. Im 20. Jahrhundert richtete sich im Zeichen der Roten Fahne ein neuer Feldzug gegen den christlichen Glauben. Klöster wurden als Kinosäle oder Viehställe missbraucht. Die Reliquien des Heiligen Sergius stellte man in einem Museum des Atheismus aus. Auch Michael W. Nesterow erlebte diese Jahre der Diktatur des Unglaubens, in der bereits das Falten der Hände verboten war, und enthielt sich in dieser Zeit jeglicher religiösen Malerei. Das Kloster des Heiligen Sergius am Stadtrand von Moskau ist heute wieder ein spirituelles Zentrum. Die Heiligen haben nicht nur eine glühende Seele, sondern auch einen sehr langen Atem. Denn sie wirken in der Zeit und aus der Ewigkeit.

Sulamith
Botin der Liebe

Wenn die Braut ihren Schleier lüftet, steht der Höhepunkt der Hochzeit unmittelbar bevor. Der Bräutigam wird die Blume aus Scharon in der vollen Schönheit ihres anmutigen Gesichtes mit den grünen Augen und den rot gefärbten Haaren erkennen. Vier Brautjungfern in weißen Schleiern begleiten die Erwählte. Sie tragen rote Lilien, denn wie eine Lilie unter den Dornen, so ist die Freundin unter den Mädchen.

Eine reich geschmückte junge Afrikanerin hält ein Gefäß mit gelben und rosafarbenen Duftrosen empor. Ein verschlossener Garten, eine versiegelte Quelle war die Geliebte. Gleich wird sie ihre Rosen dem Bräutigam schenken und zu ihm die Worte sprechen:

Lege mich wie ein Siegel auf dein Herz,
wie ein Siegel auf deinen Arm.
Denn Liebe ist stark wie der Tod
und Leidenschaft unwiderstehlich wie das Totenreich.
Ihre Glut ist feurig und eine Flamme des Herrn.
(Hoheslied 8,6)

Sulamith heißt die Braut, deren Liebe das Hohelied des Königs Salomon besingt. Für ihr reines Antlitz mit den zum Kuss bereiten sinnlichen Lippen saß Marie Ford Modell.

Kein Buch der Bibel ist in den Klöstern des Abendlandes öfter zitiert worden als dieser Gesang. Die Mönche und Nonnen lasen es als Gedicht einer liebenden Gotteserkenntnis. Die Braut war die Seele und Gott ihr Bräutigam. In der Hochzeitsnacht vollzogen sie eine mystische Vereinigung. Bräute Christi nannten sich die Nonnen. Andere sahen in der Braut ein Gleichnis der Maria und in der Gottesmutter das Abbild der Kirche. Das Judentum feierte in der Braut die Prinzessin Sabbat.

Dante Gabriel Rossettis (1828–1882) Braut will mehr, als irdisches Glück schenken kann. Sie ist ganz Hingabe an ein Höheres, das sich in der Liebe zwischen Braut und Bräutigam ereignen wird. Sie hat ihr Herz geöffnet und ist bereit, den Himmel auf Erden zu empfangen. Der Schleier vor dem Geheimnis ihrer Seelentiefe ist gelüftet. Jetzt will sie erkannt werden, will Gefäß werden für die himmlischen Rosen der Liebe. Gespannte Erwartung liegt in den Gesichtszügen ihrer Begleiterinnen. Ein Zögern auch und ein angehaltener Atem. Da erscheint der Bräutigam und spricht:

Siehe, meine Freundin, du bist schön!
Siehe, schön bist du!
(Hoheslied 4,1)

Alle Schönheit ist ein Abbild des Himmels. Wer sich dem Blick der Braut aussetzt, wird diese Wahrheit erfahren.

Teresa von Avila

Botin der Hoffnung

Wer liebt, bleibt in Erwartung. Die Hoffnung trägt ihn. Und plötzlich ist sie da: die Begegnung, auf die man so lange gewartet hat. Das Licht der Wahrheit und Klarheit spiegelt sich in den geheimnisvollen braunen Augen der Frau. Ihr Blick richtet sich nicht auf den Betrachter des Bildes. Er geht über die sichtbare Welt hinaus ins Wesentliche und Überirdische.

Eine Frau mit Durchblick, mit visionärer Kraft und voller Hingabe. Ihr Gesicht ist in Licht getaucht und erleuchtet ist ihre Seele. Ihr Herz ist eine lodernde Flamme der Liebe: Das rote Untergewand unter der schlichten schwarz-weißen Tracht der Nonne offenbart ihren Charakter. Diese Frau brennt voller Leidenschaft und Tatkraft. Sie hat Gesichte, aber sie ist keine Träumerin. Gleich wird sie sich erheben und zur Tat schreiten.

Teresa von Avila (1515–1582) ist die große Nationalheilige Spaniens. Als Dichterin schuf sie die moderne spanische Sprache, als Mystikerin fand sie Worte für psychologische und religiöse Erfahrungen und erschloss durch ihre Schriften bislang unzugängliche innere Räume des Menschen. Im Jahr 1970 ernannte Papst Paul VI. die Heilige Teresa zur ersten Kirchenlehrerin („doctor ecclesiae“). Künstler dürfen kühner sein als Päpste. So hüllte Gérard die Heilige in das purpurrote Gewand der Kardinäle. Das ist noch immer Zukunftsmusik in der Kirche der spanischen Heiligen, aber ein beflügelndes Symbol der Hoffnung.

Die innere Welt deutet der Maler durch die Haltung der gefalteten Hände an. Sie umschließen einander wie Muschelschalen das Geheimnis der Perle.

Teresa gehörte dem kontemplativen Orden der Karmeliter an. Die innere Welt des Menschen, so glaubte Teresa, bedürfe des Schutzes vor den Gefahren der Zerstreuung und Oberflächlichkeit. Denn das Wesen will wesentlich werden. Deshalb führte sie eine strenge Ordensreform durch. Sie hatte außerordentlichen Erfolg. Die wahrhaft Suchenden wissen, dass der Weg ins Wesentliche mühsam ist, Disziplin erfordert und viel Geduld.
François Gérard (1770–1837) war der beliebteste Porträtmaler des Empire. Die einflussreichen französischen Politiker ließen sich von ihm ins Bild setzen, darunter Napoleon im Krönungsornat (1805). Gérard malte auch jene außergewöhnliche Frau, die von Napoleon ins Exil geschickt wurde: Julie Récamier. Sie galt als klügste und schönste Frau ihrer Zeit. Nach Paris zurückgekehrt, errichtete sie ein Krankenhaus für verarmte Adelige und hilfsbedürftige Priester. Sie stellte es unter den Schutz der Teresa von Avila und ließ François Gérard das Porträt der großen Heiligen anfertigen. Der Patient bedarf der Geduld. In dem spanischen Wort „paciencia" tritt diese Tugend unmittelbar hervor. Teresa war überzeugt: „Die Geduld erreicht alles!"
Die Schwester der Hoffnung ist die Beharrlichkeit und jener Blick ins Wesentliche, den François Gérard hervorhebt. Er charakterisiert die Entschiedenheit dieser Heiligen viel trefflicher als das Porträt von Peter Paul Rubens oder die berühmte Skulptur von Giovanni Lorenzo Bernini, die Teresa im Zustand einer erotischen Ekstase zeigt. Ein Engel sei vom Himmel gekommen, so berichtet es die Heilige in ihrer Autobiografie, und habe ihr Herz mit sei-

nem Liebespfeil durchbohrt. Transverberation wird dieser Vorgang genannt. Gérard hat ihn ins Geheimnis verlegt, indem er auf eine Darstellung des Engels verzichtete. Aber auch er kannte das Mysterium von Liebe und Leiden und deutet es durch das blutrote Gewand an.

Wer wünscht sich nicht eine Liebe ohne Leiden? Aber die Erfahrung auf dem Lebensweg spricht eine andere Sprache. Nicht nur von dem Patienten ist Geduld gefordert.

Liebe ist Leiden. Das ist das Geheimnis der Passion, das in jeder Familie und auf jedem Lebensweg einmal erfahrbar wird. Vor ihr verschließt Teresa von Avila die Augen nicht. Ihre berühmten Verse sind aus der Tiefe der Erfahrung von Liebe und Leiden gewonnen. Deshalb sind sie zeitlose Wahrheit:

Nichts verwirre dich,
nicht betrübe dich.
Alles geht vorüber.
Gott ändert sich nicht.
Die Geduld erreicht alles.
Wer Gott hat, dem mangelt nichts.
Gott allein genügt.

Nada te turbe – Nichts verwirre dich: Unter diesem Titel wurde ihr Gebet vertont und gehört heute zu den beliebtesten Liedern der ökumenischen Gemeinschaft von Taizé.

Gebete aus dieser Tiefe gehören der Welt und jenen, die sie sprechen oder singen. Teresa von Avila war keine geduldige Frau. Die Geduld ist eine Gabe und kein Besitz. Niemand wusste dies besser als die Heilige. Deshalb ist ihr Gebet keine Feststellung eines Zustandes, sondern eine Fürbitte, die man nicht oft genug wiederholen kann, wenn das Herz in Liebe und Leid getroffen wird und die Hoffnung neue Nahrung braucht.

Bildnachweis

Umschlag
François Gérard (1770–1837), Heilige Theresa/ Infirmerie Marie-Therésè (1827), Öl auf Leinwand, Infirmerie Marie Thérèse, Paris, © akg/ Erich Lessing

S. 7: Abraham József Molnár (1821–1899), Abraham's Journey from Ur to Canaan, Öl auf Leinwand, Hungarian National Gallery, Budapest, © akg/
G. Dagli Orti

S. 11: Antonius aus Ägypten David Teniers, der Jüngere (1610–1690), Versuchung des Heiligen Antonius (um 1680), Öl auf Leinwand, Museo del Prado, Madrid, The Yorck Project, Wikimedia Commons

S. 15: Antonius von Padua Arnold Böcklin (1827–1901), Der Heilige Antonius von Padua (1892), Öl auf Leinwand, Privatbesitz, Leihgabe im Kunsthaus Zürich, Wikimedia Commons

S. 19: Barbara Jan van Eyck (ca. 1390–1441), Heilige Barbara (1437), Öl auf Eichenholz, Koninklijk Museum voor Schone Kunsten, Antwerpen, © akg/De Agostini Picture Library

S. 22: Brandan Edward Reginald Frampton (1870–1923), The Voyage of St. Brandan (1908), Öl auf Leinwand, Chazen Museum of Art, University of Wisconsin, Madison, Wikimedia Commons

S. 25: Cäcilia Edward Reginald Frampton (1870–1923), Saint Cecilia with Angels (1899), Öl auf Leinwand, Privatbesitz, Wikimedia Commons

S. 29: Elias Unbekannter Maler, Der Engel weckt Elias in der Wüste (17. Jahrhundert), Öl auf Leinwand, Privatbesitz, Wikimedia Commons

S. 33: Eulalia John William Waterhouse (1849–1917), Heilige Eulalia (1885), Öl auf Leinwand, Tate Gallery, London, Wikimedia Commons

S. 37: Ritter Georg Dante Gabriel Rossetti (1828–1882), The Wedding of St. George and the Princess Sabra (1857), Wasserfarben auf Papier, Tate Gallery, London, © akg/Album Oronoz

S. 40: Hafis von Schiras Anselm Feuerbach (1829–1880), Hafis vor der Schenke (1852), Kunsthalle Mannheim, Öl auf Leinwand, © akg-images

S. 44: Hieronymus Colantonio del Fiore (1420–1460), Der heilige Hieronymus im Gehäuse, Öl auf Leinwand, National Museum of Capodimonte, Wikimedia Commons

S. 47: Hiob William Blake (1757–1827), Hiob und seine Familie, Wasserfarben auf Papier, Morgan Library Museum, New York, Wikimedia Commons

S. 51: Jakob Josef von Hempel (1800–1871), Jakobs Traum von der Himmelsleiter (1855), Öl auf Leinwand, Wikimedia Commons

S. 54: Jeanne d'Arc Dante Gabriel Rossetti (1828–1882), Joan of Arc kisses the Sword of Deliverance (1863), Öl auf Leinwand, Museé d'art moderne et contemporain de Strasbourg, Wikimedia Commons

S. 58: Katharina von Alexandrien Michelangelo Caravaggio (1571–1610), Die heilige Katharina von Alexandrien (1595/96), Öl auf Leinwand, Thyssen-Bornemiss-Museum, Madrid, The Yorck Project, Wikimedia Commons

S. 62: Lady of Shalott John William Waterhouse (1849–1917), The Lady of Shalott, Öl auf Leinwand, Tate Gallery, London, © akg-images

S. 66: Margarete Tizian (1490–1576), Margarete und der Drache, Öl auf Leinwand, Museo del Prado, Madrid, Wikimedia Commons

S. 70: Maria William Holman Hunt (1827–1910), The Finding of the Saviour in the Temple. Die Auffindung Jesu im Tempel (1860), Öl auf Leinwand, City Museum and Art Gallery Birmingham, Wikimedia Commons

S. 74: Monika von Tagaste Ary Scheffer (1795–1858), Saint Augustine and Monica (1854), Öl auf Leinwand, National Gallery, London, © akg/Erich Lessing

S. 77: Nikolaus von Myra Ilja Repin (1844–1930), Nikolaus von Myra rettet drei unschuldig Verurteilte vor dem Tode (1888), Öl auf Leinwand, Staatliches Russisches Museum, St. Petersburg, © akg-images

S. 80: Rumi Meeting of Jalal al-Din Rumi and Molla Shams al-Din (Ende 16./Beginn 17. Jahrhundert), aus: Mohammad Tahir Suhravardi, Jami al Siyar, Türkische Miniaturmalerei, Topkapi-Palast-Museum, Istanbul, Wikimedia Commons

S. 84: Sergius von Radonezh Michail W. Nesterow (1862–1942), Die Vision des jungen Sergius/Bartholomeus (1890), Öl auf Leinwand, Tretjakov Galerie, Moskau, Wikimedia Commons

S. 87: Sulamith Dante Gabriel Rossetti (1828–1882), The Beloved/The Bride (1865/66), Öl auf Leinwand, Tate Gallery, London, Wikimedia Commons

S. 90: Teresa von Avila François Gérard (1770–1837), Heilige Theresa/Infirmerie Marie-Therésè (1827), Öl auf Leinwand, Infirmerie Marie Thérèse, Paris, © akg/Erich Lessing